AF258028

LE SIÈCLE

DE LA

RENAISSANCE

ET

JACQUES AMYOT,

OU

A UNE ÈRE NOUVELLE, — UN NOUVEAU LANGAGE.

Par **A. CÉLARIER,**

PROFESSEUR.

« La monarchie de la langue française
« est visible... »

J. De Maistre.

ÉTUDE LITTÉRAIRE

(1re PARTIE).

MELUN,

Chez **BAILLET**, Libraire-Éditeur, Rue Saint-Aspais,

ET CHEZ TOUS LES LIBRAIRES DU DÉPARTEMENT.

1860.

LE SIÈCLE

DE LA

RENAISSANCE

ET

JACQUES AMYOT,

OU

A UNE ÈRE NOUVELLE, — UN NOUVEAU LANGAGE.

Par **A. CÉLARIER**,

PROFESSEUR.

« La monarchie de la langue française
« est visible... »
J. DE MAISTRE.

___

ÉTUDE LITTÉRAIRE

(1re PARTIE).

___

MELUN,

CHEZ **BAILLET**, LIBRAIRE-ÉDITEUR, RUE SAINT-ASPAIS,

ET CHEZ TOUS LES LIBRAIRES DU DÉPARTEMENT.

—

1860.

LE SIÈCLE DE LA RENAISSANCE

ET

JACQUES AMYOT,

OU

A UNE ÈRE NOUVELLE, — UN NOUVEAU LANGAGE.

⪼⊙⪻

> « La monarchie de la langue française est visible... »
> J. De Maistre.

Noble fils du travail, son orgueil et sa gloire,
Un siècle entre tous grand resplendit dans l'histoire ;
Ni Louis, ni César ne lui prêtent leur nom.
L'univers, qui sombrait, l'appela Renaissance ;
C'est l'astre qui, vainqueur des ténèbres, s'élance,
Et d'une affreuse nuit console l'horizon.

Nuit affreuse en effet, effroyable tempête,
Quand, le glaive à la main, l'orgueilleuse Conquête
Foulait d'un pied sanglant tous les droits insultés ;
Quand la Croix, étendard de paix et de justice,
S'étonnant de marcher sa céleste complice,
Courbait sur ses autels des fronts violentés.

Parmi les jeux cruels de l'erreur et du crime,
A peine voyait-on poindre, épars sur l'abîme,
Quelques poudreux débris des vieux temps glorieux :
O Rome ! où sont tes lois que dicta la Sagesse ?
Où sont tes monuments, ô généreuse Grèce ?
Quand la force domine, est-il encor des dieux ?

Mais il est un vaisseau que bat en vain l'orage ;
Toujours un doigt sauveur l'écarte du naufrage
Où pensait l'engloutir tout l'enfer révolté.
Au ciel de l'espérance éclatent ses étoiles ;
Le travail est le vent dont se gonflent ses voiles ;
Son port ? il marche à Dieu. Son nom ? l'Humanité.

Toute épreuve aussi bien retrempe son génie ;
Du creuset des douleurs elle sort rajeunie,
Fleur, que l'orage avive au lieu de la briser.
Elle aspire à l'amour toute lasse de haine ;
La honte du recul au combat la ramène.
Où donc est l'ennemi qui l'osa mépriser ?

Or, elle avait sonné l'heure de délivrance ;
Elle se réveillait l'humaine intelligence
Dont un sommeil plus long eût trahi les destins.
Et déjà quels travaux ! Quelles palmes nouvelles !
A nos pensers trop lents Guttemberg met des ailes ;
Colomb ravit un monde aux Océans lointains ;

La justice des rois, d'une main libérale,
De l'obscure coutume éclaircit le dédale ;
Le commerce s'étend en fructueux rameaux ;
Tout respire un parfum de la fleur Italie,
Des rayons de la Grèce elle-même embellie ;
Apelle et Phidias ornent nos vieux châteaux.

Que parlé-je de lois, de beaux-arts, d'Amérique ?
De la poudre des temps sort tout un monde antique,
Où fleurit la patrie avec la Liberté,
Où la Justice brille aux regards d'Aristide,
Où Socrate mourant me sourit et me guide,
Sur l'aile des vertus, à l'Immortalité.

Célestes horizons où s'exalte notre âme,
Où brillent des beautés dont tout grand cœur s'enflamme,
Sur les divins sommets d'où vous vous déroulez,
Si les degrés ardus d'une longue science
Pouvaient seuls transporter la vulgaire ignorance,
A combien peu d'humains seriez-vous dévoilés !

Mais, comme dans l'espace où gravitent les mondes,
Un fluide, vibrant en lumineuses ondes,
Vient au fond de mes yeux en peindre les beautés ;
De même en mon esprit, sur son aile changeante,
Le LANGAGE vient peindre une image vivante
Des pensers les plus beaux, grandis par ses clartés.

Il passe, et sous son vol tout frémit, tout s'anime ;
La mort même est vaincue et lui rend sa victime ;
Il n'est d'âges lointains dont il ne soit l'écho.
Vibration des cœurs et rayon de l'Idée,
Sous son souffle brûlant mon âme fécondée
Se sent épanouir au spectacle du Beau.

Or, quand tout se retrempe à sa source éternelle ;
Dans le monde moral quand tout se renouvelle :
Les arts au sein du Vrai, la loi dans l'Équité ;
Quand l'homme, dépouillant sa longue barbarie,
Sous le drapeau du Droit conquiert une patrie
Et sur l'autel du Christ l'aimable charité ;

Dès longtemps égarée en une folle route,
Quand, au foyer fécond d'un humble et docte doute,
La Science revient allumer son flambeau ;
Enfin, quand d'autres cieux, toute une autre Nature,
A nos yeux étonnés déployant leur structure,
Des Buffons à venir réclament le pinceau ;

Il fallait bien aussi que se fît un langage
Au moule des destins glorieux d'un tel âge,
Son beau rayonnement, son souffle harmonieux,
Transparent véhicule où, partout promenée,
Brillât à l'univers l'heureuse destinée,
L'étoile du salut qui répond à ses vœux ;

Temple majestueux d'extensive coupole,
Qui puisse rallier tout peuple à son symbole ;
Phare de l'Unité, cette aspiration
De la terre à jamais arrachée à l'abîme ;
Battement de nos cœurs en un concert sublime ;
Des antiques Babels sainte destruction !

Un pauvre enfant du peuple accomplit cette tâche,
Œuvre d'un dévouement sans trève ni relâche,
Et merveille d'un siècle en merveilles fameux ;
Homme d'autant plus grand aux regards de l'histoire,
Que d'un créateur même il rencontra la gloire,
En n'aspirant qu'au nom d'un traducteur heureux.

Vainement la Misère obscurcit sa naissance,
Lui barre les chemins où lui rit l'espérance,
Dans ses timides bras engourdit son essor,
Le prive du flambeau des studieuses veilles,
Ou, conseiller hideux, bourdonne à ses oreilles
Tous ces lâches propos où se brise l'effort ;

Il saura dans Paris, cette future Athènes,
Écolier, rappelant l'antique Démosthènes,
La plume dans les doigts, triompher du sommeil.
Il fera, n'ayant pas de lampe qui l'éclaire,
D'un charbon allumé jaillir une lumière
Qu'éclipsera trop tôt le retour du soleil.

Oui, trop tôt ; car la nuit, la nuit tiède ou glacée,
C'est son trésor ; la nuit protége sa pensée,
Son rêve, son espoir de futur écrivain ;
Mais le jour ? Il le vend ; il sert de domestique
A d'autres écoliers, pour un gage modique,
Dont, heureux toutefois, il achète son pain.

Heureux, car il a pu, dans une heure de classe,
Chez des docteurs fameux s'assurant une place,
Aspirer à longs traits l'enivrante leçon
Où viennent s'expliquer les Beaux-Arts, la Science,
Les Nombres par Finé, par Danès l'Éloquence,
Le Droit par Duaren, d'Alciat ou Baron.

O saint enivrement que notre siècle ignore !
O foi, qu'un vil calcul n'étouffait point encore !
O Savoir, non prisé pour l'or seul qu'il produit,
Mais que l'on cultivait pour le Savoir lui-même,
Pour s'ennoblir le cœur de sa grâce suprême,
Y puiser la vertu, son plus céleste fruit.

Exciter la vertu, grandir l'intelligence !
Est-il plus noble but de l'humaine existence ?
Amyot, c'est le tien, lorsque bien jeune encor,
Riche des sucs extraits des fleurs les plus suaves,
Tu viens à des esprits de l'ignorance esclaves,
Professeur à ton tour, en verser le trésor.

Docte Université, bonne et tendre nourrice,
Dis-nous qui sut jamais d'une main plus propice
De ton peuple chéri féconder les talents ?
Qui, plus laborieux dans sa sainte carrière,
A de plus purs foyers recueillit la lumière
Dont il sut pénétrer leurs esprits grandissants ?

Amyot, Fénelon, doux et puissants génies,
Que j'aime à contempler vos deux âmes unies
Par un même penser, sur un royal berceau
Courber leurs tendres soins, dans la même espérance
De faire éclore en lui le bonheur de la France !
Parmi vos souvenirs, en est-il un plus beau ?

Ton espoir, Amyot, fut trompé par le crime ;
Des intrigues de cour tes rois sont la victime.
Par la main d'une mère au meurtre façonnés,
En vain de beaux talents, un heureux caractère
Pour eux demandent grâce. Est-il rien sur la terre,
Rien qui puisse excuser des bourreaux couronnés ?

Mais qu'importe à ta gloire un si cruel outrage ?
Le succès est de Dieu, le tenter est du Sage.
Toi-même tu l'as dit : « Non pouvoir ce que veux,
« Mais vouloir ce que dois, c'est grandeur véritable. »
Un martyr dans les fers est-il moins honorable ?
Un méchant sur le trône est-il plus glorieux ?

Mitres, bandeau des rois, Amyot peut nous dire
Tout ce que vos grandeurs, que le vulgaire admire,
Cachent de pauvretés sous leur brillant manteau.
Seule, en vous adoptant, la vertu vous honore ;
Sommets, d'où ses regards s'épanchent mieux encore
Sur les peuples souffrants, qu'affranchit son flambeau.

Mais laissons tes Valois trahir ton espérance...
D'un immortel bienfait tu viens doter la France ;
Ton siècle est ton disciple, et ton roi, l'avenir.
A travers nos patois nous cherchions un langage :
Ta bouche nous le crée. O sublime héritage,
Qu'en se le partageant tout peuple vient bénir !

Melun. — H. Michelin, imprimeur de la préfecture.

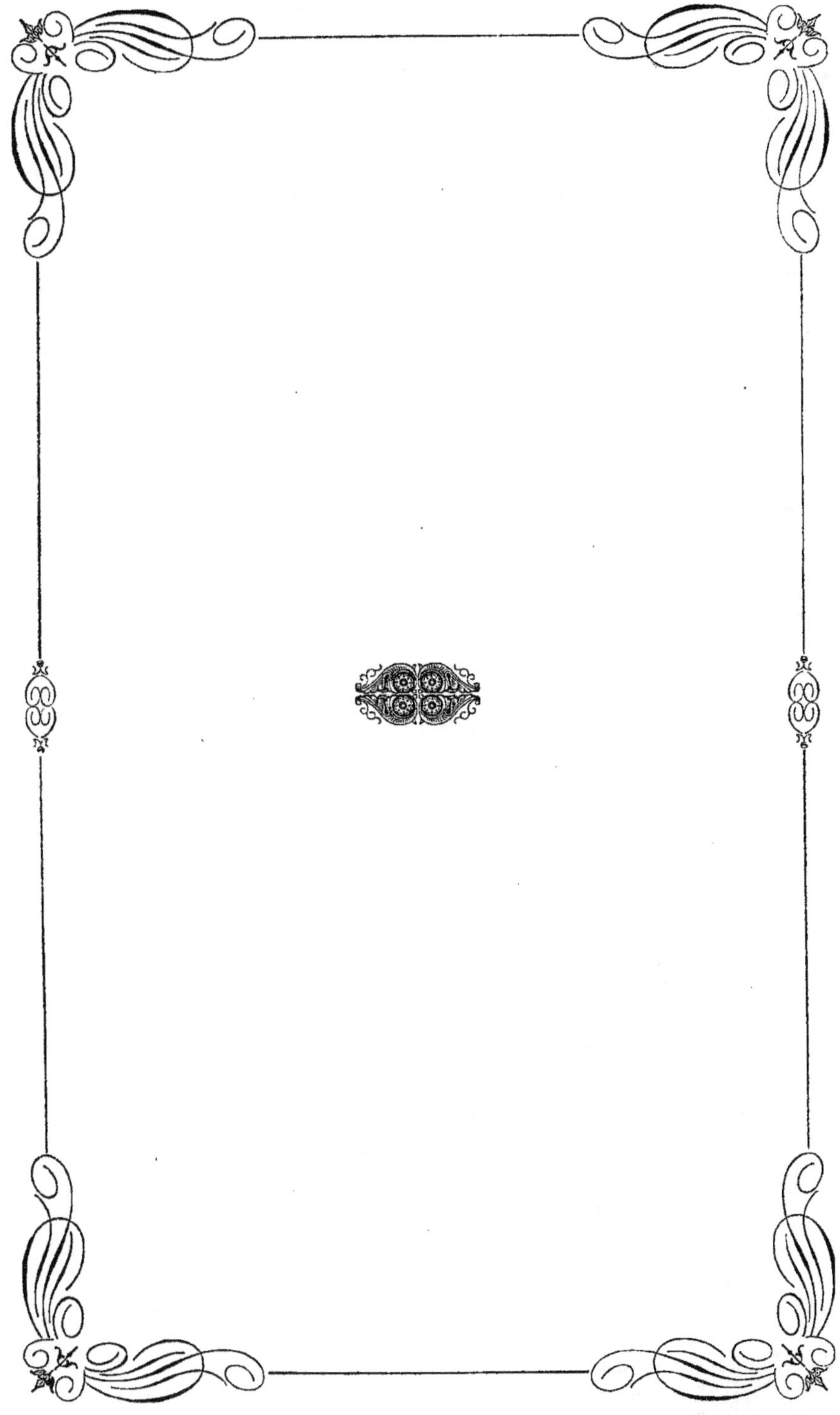